Para Marimar, que me enseñó a tener
los ojos abiertos al mundo.
P.T.

A mi compañero explorador, Arnau.
Porque aún queda mucho por descubrir.
L.

Papel certificado por el Forest Stewardship Council®

MIXTO
Papel procedente de
fuentes responsables
FSC® C117695

Penguin
Random House
Grupo Editorial

Primera edición: noviembre de 2022
Primera reimpresión: noviembre de 2022

© 2022, Pedro Torrijos
© 2022, Penguin Random House Grupo Editorial, S.A.U.
Travessera de Gràcia, 47-49. 08021 Barcelona
© 2022, Laura Fernández Arquisola (Laufer), por las ilustraciones

Printed in Spain – Impreso en España

ISBN: 978-84-488-6265-7
Depósito legal: B-16.652-2022

Compuesto por Magela Ronda
Impreso en Soler Talleres Gráficos
Esplugues de Llobregat (Barcelona)

BE 6 2 6 5 7

ATLAS

DE LUGARES EXTRAORDINARIOS PARA

DESCUBRIR EL MUNDO

PEDRO TORRIJOS
con ilustraciones de
LAUFER

INTRODUCCIÓN

Cuando tenía ocho años quería ser explorador (también quería ser bailarín de claqué, pero esa es otra historia). Seguramente, muchas niñas y muchos niños hemos querido ser exploradores; descubrir lugares lejanos, adentrarnos en ciudades perdidas, internarnos en edificios extraños y únicos. Lo malo es cuando, al hacernos mayores, nos hacen creer que el mundo ya se ha recorrido completamente y no tiene sentido explorarlo.

Pero ¿y si os dijera que no es verdad? ¿Y si os dijera que aún hay decenas, cientos, de lugares, extraños y únicos y nadie nos los había enseñado todavía? ¿Y si el mundo sigue siendo un tapiz inmenso para explorar?

Este libro es un viaje por algunos de esos lugares tan distintos que nos cuesta creer que existan. Edificios sobre patines para combatir el frío extremo, ciudades llenas de rascacielos construidos con barro, catedrales hechas de cartón que resisten terremotos, bosques escondidos dentro de enormes cajas de cristal. Historias lejanas y cercanas, historias de ovnis al otro lado del mundo y de frutas de cerámica al otro lado de la calle.

Historias para que la niña y el niño que las lea no olvide nunca lo maravilloso que es explorar el mundo.

¡Comienza el viaje!

Pedro Torrijos

ÍNDICE

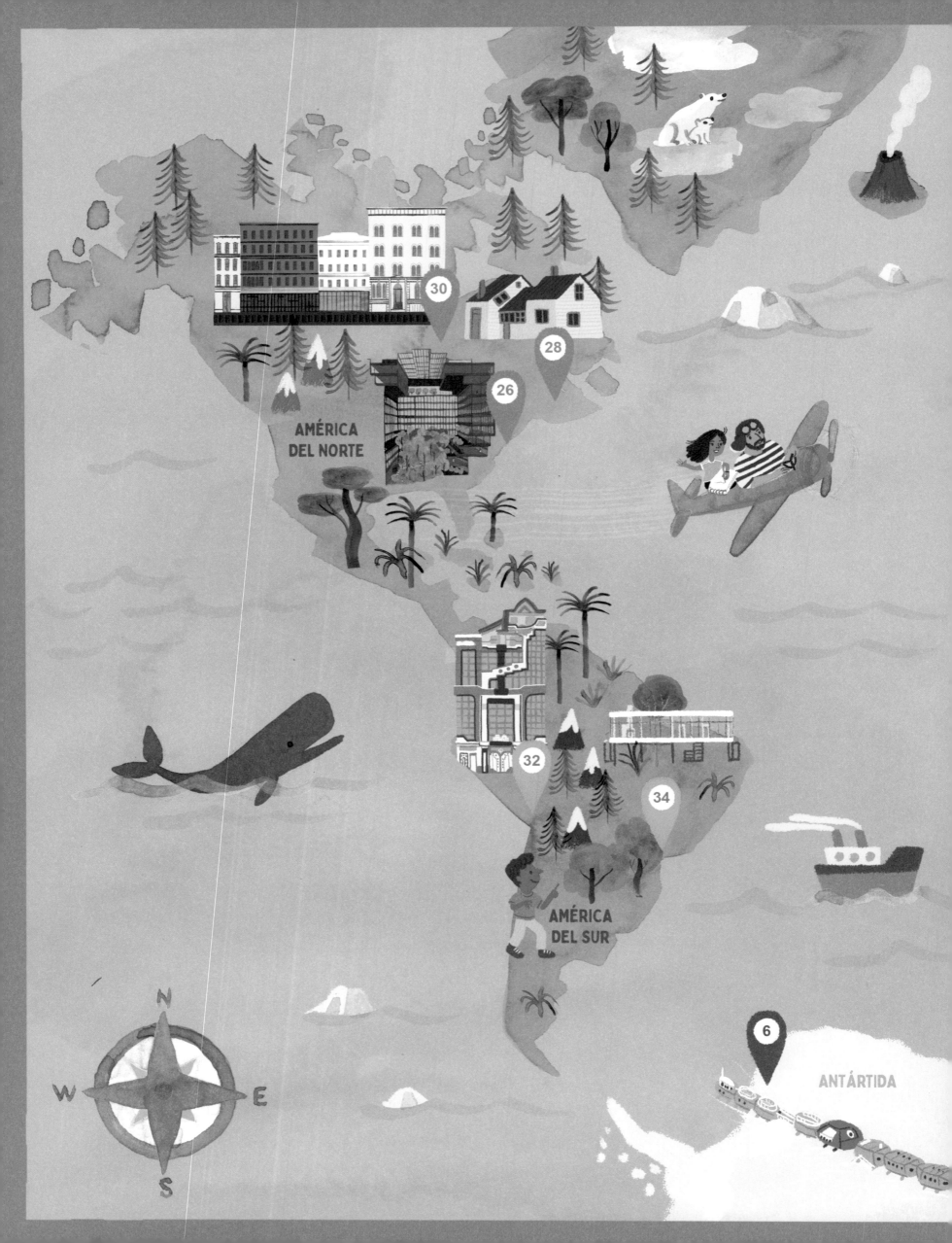

AMÉRICA
DEL NORTE

AMÉRICA
DEL SUR

ANTÁRTIDA

N
W E
S

LA BASE ANTÁRTICA HALLEY VI.
EL EDIFICIO SOBRE PATINES

En la Antártida hay un edificio con forma de oruga construido sobre patines. **ESTÁ PREPARADO PARA EL FRÍO Y EL VIENTO MÁS EXTREMOS E INCLUSO ¡SE MUEVE!** Es la base británica Halley VI y tiene la suerte de contar con las vistas más **ALUCINANTES** del planeta. Fue construida en 2012 gracias al diseño del arquitecto inglés Hugh Broughton y pertenece al British Antartic Survey, la institución británica encargada de las expediciones e investigaciones en el continente antártico.

Lo más chulo de la Base Halley VI es que está pensada para que funcione a la perfección y dure muchos muchos años y, por eso, **SU CONSTRUCCIÓN ES MUY ESPECIAL Y MUY DISTINTA** a la de los edificios normales.

Este edificio está hecho por trozos. Cada trozo se llama **«MÓDULO»**, y cada uno de ellos se fabrica por separado para luego montarlos uno detrás de otro como si fueran los vagones de un tren.

¿TE HAS FIJADO EN QUE ESTE EDIFICIO TIENE PATAS? Se llaman **PILOTES, Y MANTIENEN A LA HALLEY VI POR ENCIMA DEL HIELO PARA ALEJARLA DEL FRÍO SUELO** de la Antártida. **PUEDEN ELEVARSE** para sortear pequeñas montañas de nieve y no están clavados a la superficie. Además, como el hielo bajo la base va moviéndose hacia el océano, la estación tiene que remolcarse cada cierto tiempo hasta su posición inicial. Es decir, que la Base Halley VI es como **UN CIEMPIÉS QUE SE MUEVE MONTADO SOBRE ESQUÍES.**

PROBLEMAS PARA CONSTRUIR EN LA ANTÁRTIDA

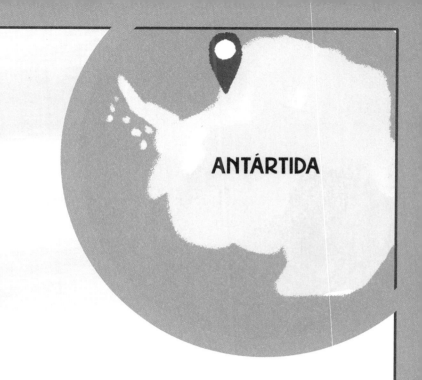

ANTÁRTIDA

● Hay muy poca humedad, apenas llueve ni nieva. De hecho, **LA CAPA BLANCA QUE SE VE EN EL SUELO ANTÁRTICO NO ES NIEVE, SON PARTÍCULAS DE HIELO** desplazadas por el viento.

● El **VIENTO ANTÁRTICO ES HELADO Y GOLPEA A TODAS HORAS**. Ese viento es el que ha ido destruyendo todas y cada una de las bases científicas que se han levantado en la Antártida desde que se construyó la primera en 1898, hace más de cien años.

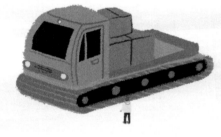

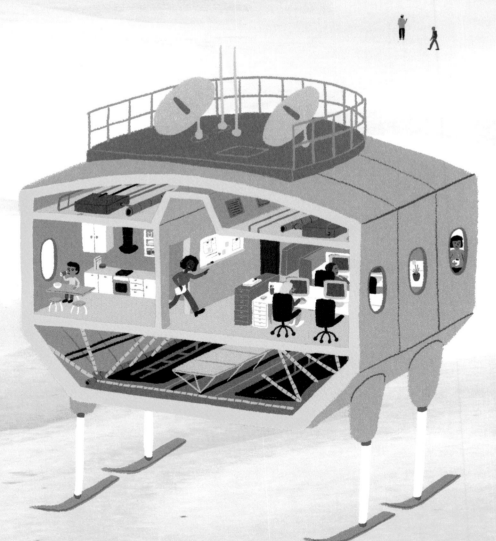

Eso sí, aun estando en el lugar más inhóspito del globo, la Halley VI es un lugar bastante confortable. Dispone de bar, sala de cine, gimnasio, biblioteca y una estupenda sala de juegos. Porque permanecer cien días en la oscuridad del invierno antártico puede dar algo de miedo, pero en la Halley VI siempre puedes tomarte un refresco, asomarte a una de las ventanas y contemplar una aurora austral desde el último lugar habitado del planeta Tierra.

LOS TULOUS DE FUJIAN. LOS EDIFICIOS REDONDOS DONDE NADIE ES MÁS IMPORTANTE QUE NADIE

Hay unos **EDIFICIOS MUY PECULIARES** que se levantan en las montañas subtropicales del sureste de China, en la provincia de Fujian. Son los tulous, **PALABRA QUE SIGNIFICA «EDIFICIOS DE LA TIERRA»**, y fueron los primeros edificios construidos para una sociedad totalmente igualitaria en la que no hay reyes ni jefes. **TODAS LAS PERSONAS QUE VIVEN ALLÍ SON IGUAL DE IMPORTANTES.**

Los primeros tulous **SE CONSTRUYERON ENTRE LOS SIGLOS XIII Y XV**, cuando la etnia hakka emigró hasta las montañas de Fujian.

Al llegar allí, desarrollaron un tipo de edificio muy eficaz para **DEFENDERSE DE LOS ATAQUES DE LOS BANDIDOS** y de miembros de otras etnias: un gran muro completamente cerrado al exterior salvo por la puerta. Así, **EL EDIFICIO ERA UNA FORTALEZA**, pero no para proteger a reyes ni nobles, porque en la etnia hakka no hay reyes ni nobles, sino **PARA PROTEGER A TODA LA COMUNIDAD**. Toda la muralla es una gran vivienda comunal donde no hay habitaciones mejores ni peores porque todas son iguales y las cocinas y los salones se comparten entre todas las personas que viven allí. **DENTRO DE CADA TULOU SUELE VIVIR UNA ÚNICA FAMILIA O CLAN**, que puede llegar a estar formado por más de cien miembros.

En las **PLANTAS ALTAS** hay una o dos filas de ventanitas muy estrechas desde donde poder disparar flechas o balas de arcabuz. Estas ventanas se llaman «saeteras».

El **GRAN PATIO CENTRAL** se usa sobre todo para reuniones y celebraciones, como bodas o bailes, y su inconfundible aspecto ha servido de decorado para unas cuantas películas, como la versión de acción real de *Mulan* o la preciosa cinta china de dibujos animados *Big Fish & Begonia*, donde el edificio es prácticamente uno de los protagonistas.

CHINA

TAIWÁN

Un **GRAN MURO** de varias plantas de altura completamente cerrado al exterior, salvo por la puerta de entrada, y abierto a un enorme patio central normalmente circular.

Los tulous estuvieron a punto de desaparecer por culpa del abandono, pero, desde hace unos años, algunos se han restaurado y rehabilitado, y en 2008 fueron declarados Patrimonio de la Humanidad, lo cual obliga a las autoridades a conservarlos y cuidarlos. Ahora, esos edificios de la tierra, esas murallas habitadas, pueden seguir viviendo tranquilas desperdigadas por las montañas onduladas de Fujian, abriendo sus patios como si fueran grandes ojos que miran al cielo.

Según la ley del reino de Dahomey, los fon tenían prohibido luchar en el lago o la serpiente **MAMI WATA, ESPÍRITU DEL AGUA, LOS CASTIGARÍA**, así que los Tofinu decidieron construir una ciudad sobre el lago. La llamaron Ganvié. Ganvié prosperó a lo largo de estos cuatro siglos y, a día de hoy, **ES LA CIUDAD ACUÁTICA MÁS GRANDE DE ÁFRICA**. Pertenece a la actual nación de Benín y allí viven casi 30.000 personas en **CASAS CONSTRUIDAS SOBRE PILOTES** que se clavan en las aguas poco profundas del lago. Y no solo hay casas, **TAMBIÉN HAY RESTAURANTES, HOTELES, ESCUELAS, UNA IGLESIA Y UNA MEZQUITA**. La gente de Ganvié sigue practicando la agricultura y la pesca, pero cada vez reciben más ingresos gracias al turismo, sobre todo del proveniente de Europa y Norteamérica.

GANVIÉ

PILOTES

Si, cuatro siglos después de que los europeos quisieran convertirlos en esclavos para las colonias de América, los habitantes de Ganvié reciben en paz a quien quiera visitarlos, no vaya a ser que Mami Wata se enfade.

EL TRASLADO DE ABU SIMBEL

Egipto es muy **FAMOSO POR SUS PIRÁMIDES, POR SUS TEMPLOS Y TAMBIÉN POR EL NILO**, un río enorme que recorre el país de sur a norte y que durante miles de años ha regado los cultivos que crecen en sus orillas, permitiendo que se pueda habitar el desierto que lo rodea.

Sin embargo, **EL NILO TAMBIÉN EXPERIMENTABA CRECIDAS Y DESBORDAMIENTOS** que arruinaban las cosechas. Por eso, a mediados del siglo pasado, las autoridades egipcias **DECIDIERON CONSTRUIR LA PRESA ALTA DE ASUÁN**, que recogería toda el agua del Nilo formando un nuevo embalse llamado lago Nasser y evitando así nuevas inundaciones.

El problema era que **ESE NUEVO LAGO DEJARÍA BAJO LAS AGUAS EL TEMPLO DE ABU SIMBEL**, dedicado al faraón Ramsés II y el pequeño templo dedicado a su esposa Nefertari, uno de los complejos monumentales más importantes de Egipto y ¡**UNA JOYA DE LA ANTIGÜEDAD**!

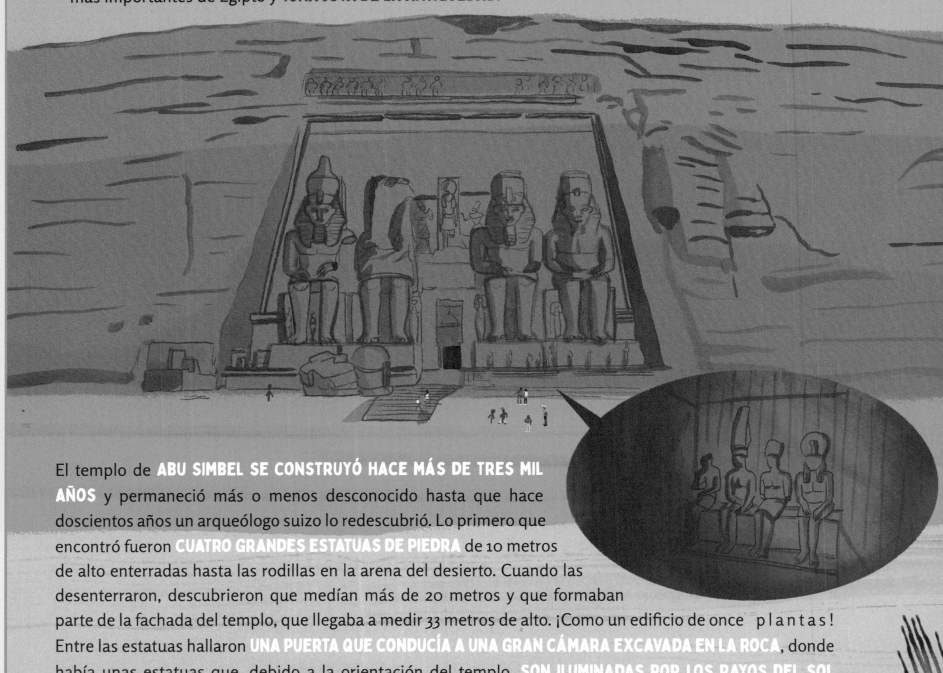

El templo de **ABU SIMBEL SE CONSTRUYÓ HACE MÁS DE TRES MIL AÑOS** y permaneció más o menos desconocido hasta que hace doscientos años un arqueólogo suizo lo redescubrió. Lo primero que encontró fueron **CUATRO GRANDES ESTATUAS DE PIEDRA** de 10 metros de alto enterradas hasta las rodillas en la arena del desierto. Cuando las desenterraron, descubrieron que medían más de 20 metros y que formaban parte de la fachada del templo, que llegaba a medir 33 metros de alto. ¡Como un edificio de once plantas! Entre las estatuas hallaron **UNA PUERTA QUE CONDUCÍA A UNA GRAN CÁMARA EXCAVADA EN LA ROCA**, donde había unas estatuas que, debido a la orientación del templo, **SON ILUMINADAS POR LOS RAYOS DEL SOL ÚNICAMENTE DOS DÍAS AL AÑO: EL 22 DE OCTUBRE Y EL 22 DE FEBRERO**. El dios Sol, Ra, es el dios principal de los antiguos egipcios.

¿CÓMO PODRÍAN EVITAR QUE ESA JOYA DE LA ANTIGÜEDAD DESAPARECIERA BAJO LAS AGUAS?

Decidieron llevar a cabo uno de los mayores retos de ingeniería de la historia: **LA TRASLADARON A UN EMPLAZAMIENTO A 200 METROS DE DISTANCIA DEL RÍO** que, además, está 65 metros más alto que el antiguo lugar donde se encontraba.

Las obras comenzaron en 1964, mientras la presa de Asuán estaba en construcción, y **DURARON CUATRO AÑOS**, y eso que participó un equipo internacional de ingenieros, arqueólogos y especialistas en maquinaria pesada.

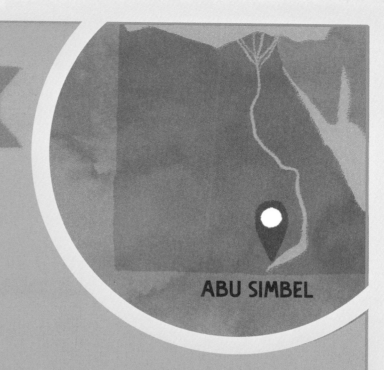

ABU SIMBEL

¿CÓMO LO HICIERON?

1 Cortaron los dos templos en grandes bloques de piedra de hasta 30 toneladas, incluidas las estatuas.

2 Colocaron los bloques en grúas y camiones especiales y los transportaron a su nueva ubicación.

3 Fueron recolocando todos los bloques como si fuera un puzle gigante.

En 1968, el templo de Abu Simbel volvió a inaugurarse. Fue un éxito para Egipto y para toda la comunidad internacional: ¡habían rescatado una joya arquitectónica de la Antigüedad! A día de hoy, el templo de Abu Simbel es uno de los lugares más famosos del mundo. Ah, y lo montaron con la misma orientación que tenía antes, así que, dos días al año, los rayos del sol siguen iluminando las estatuas del interior tal y como lo hacían hace tres milenios.

LA FUNDACIÓN FORD.
UN BOSQUE DENTRO DE UN EDIFICIO

En un rincón de Nueva York se levanta **UNO DE LOS EDIFICIOS MÁS BONITOS DEL MUNDO**, que, además, es **UNO DE LOS MÁS RAROS DE LA CIUDAD**. ¿Y por qué es raro? Pues porque solo tiene 12 plantas de altura y a Nueva York se la conoce como «la ciudad de los rascacielos». Ah, y porque dentro hay un bosque.

Cuando la Fundación Ford quiso construir una nueva sede en la ciudad, decidió que **TENDRÍA QUE SER DISTINTA A TODOS LOS DEMÁS EDIFICIOS DE MANHATTAN.** No quería competir en altura; quería que el edificio fuese el mejor reflejo de lo que es la Fundación Ford: una organización que busca la justicia social y el bienestar de todos los seres humanos.

Encargaron el proyecto al arquitecto Kevin Roche y al ingeniero John Dinkeloo y ellos les entregaron algo que no se había visto nunca: **UN EDIFICIO DE VIDRIO CON UN ENORME JARDÍN DENTRO. CASI UN BOSQUE.** Un espacio de encuentro lleno de vegetación.

Los rascacielos se suelen construir poniendo sucesivamente una planta encima de otra. En cambio, **LAS DOCE PLANTAS DE LA FUNDACIÓN FORD ESTÁN SOLO EN DOS LADOS DEL EDIFICIO,** dejando espacio para la gran caja de vidrio, que es como un joyero transparente y gigantesco donde se guarda **EL JARDÍN MÁS ESPECIAL DE NUEVA YORK.** Porque el espacio del jardín tiene 44 metros de altura y, aunque hay edificios mucho más altos en la ciudad, ninguno alberga un espacio interior tan grande. Eso permite que **DENTRO CREZCAN TODO TIPO DE PLANTAS, E INCLUSO ÁRBOLES.** Y gracias a los enormes ventanales que ocupan toda la fachada, esas plantas y esos árboles reciben la luz del sol necesaria para vivir

NUEVA YORK

44 m

Además, la Fundación Ford es de acceso público, así que cualquiera que pasee por allí puede entrar y disfrutar de ese lugar tan extraño. De ese bosque que crece dentro de un edificio.

EL EXTRAÑO CASO DE LAS VENTANAS DE BRUJA DE NUEVA INGLATERRA

En muchas casas del noreste de Estados Unidos, en la región conocida como Nueva Inglaterra, hay una ventana muy especial **QUE SE HA COLOCADO INCLINADA EN LA FACHADA**. Las llaman **WITCH WINDOWS**, las **VENTANAS DE BRUJA**.

Según la leyenda local, como **LAS BRUJAS VUELAN EN ESCOBAS, SE PUEDEN COLAR POR LAS VENTANAS** de las casas cuando están abiertas. Para evitarlo lo que hay que hacer es girar la ventana; así, la bruja también tiene que girar la escoba y, al perder agarre con el palo donde va montada, se cae al suelo.

LA EXPLICACIÓN REAL ES MÁS NORMAL: En el siglo XIX, la mayoría de la gente que quería tener una casa o una granja se la hacía con sus propias manos usando un sistema muy rápido y muy eficaz de construcción con madera. Como eran personas humildes, no podían gastarse mucho dinero en ventanas, así que cuando había que colocar una en la planta superior, justo entre el tejado de la planta baja y el tejado de la cubierta, sencillamente, **COMPRABAN UNA VENTANA NORMAL Y LA PONÍAN INCLINADA** porque era mucho más barato que hacer una ventana a medida.

VENTANA DE BRUJA

Esta tradición se conserva desde entonces y aún hoy hay quienes deciden colocar una ventana inclinada en su casa, aunque por allí no viva ninguna bruja.

La leyenda es muy divertida, pero hace referencia a un episodio muy triste de la historia de Nueva Inglaterra, cuando, en el siglo XVII, se condenó falsamente a varias mujeres por brujería.

NUEVA INGLATERRA

VENTANA DE BRUJA

CUANDO ELEVARON A MANO TODA LA CIUDAD DE CHICAGO

A mediados del siglo XIX, en Chicago se presentó **UN PROBLEMA MUY SERIO: NO TENÍAN ALCANTARILLADO**. No había alcantarillas ni cloacas ni sumideros en toda la ciudad, así que el agua de lluvia (y también la de los inodoros) se echaba directamente a la calle.

Semejante cantidad de agua sucia acumulándose **PROVOCABA ENFERMEDADES** tan graves como el cólera, por lo que, en 1855, el ayuntamiento decidió construir toda una red subterránea de alcantarillas. Pero se encontraron con otro problema: no había desnivel suficiente para que toda esa agua llegara al lago Michigan porque Chicago estaba al mismo nivel que el lago.

¿CÓMO LO SOLUCIONARON? Pues tomaron la decisión más radical: **LEVANTAR TODA LA CIUDAD**. Las calles, las aceras e incluso los edificios.

4 m

Gracias a un sistema diseñado por el ingeniero Ellis S. Chesbrough, **A BASE DE GATOS HIDRÁULICOS** de funcionamiento manual, los propietarios de los edificios consiguieron **ELEVAR SUS CONSTRUCCIONES HASTA CUATRO METROS**. Excavaban un poco y colocaban un gato; excavaban otro poco y colocaban otro gato. Así hasta llenar toda la parte inferior de los edificios con cientos, y hasta con miles de esos mecanismos. Después, otros tantos cientos de operarios se metían debajo y accionaban los gatos muy poco a poco y todos a la vez, para que la construcción no se tambalease cuando se elevaba.

EL PROCESO DURÓ CINCO AÑOS y en algunos casos fue fácil porque el edificio que tenían que levantar estaba construido con madera y pesaba muy poco. ¡Pero es que también elevaron enormes moles de ladrillo que pesaban miles de toneladas! Cuando todo el trabajo hubo terminado, y como ya había espacio debajo de la ciudad, las autoridades construyeron una nueva red de alcantarillas.

CHICAGO

GATO HIDRÁULICO: Es una herramienta que se utiliza para elevar cargas muy pesadas accionando una palanca que ejerce presión sobre un líquido o aire contenido en un recipiente.

A partir de ese momento, la ciudad de Chicago se convirtió en una de las urbes más importantes del mundo. Hoy viven allí casi tres millones de personas, y uno de los nombres cariñosos con el que se refieren a ella es «la ciudad sobre hombros anchos». A lo mejor se refieren a todos esos gatos que la levantaron entera hace muchos años.

LA ARQUITECTURA MULTICOLOR DE LOS CHOLETS DE BOLIVIA

Hasta hace veinte años, **LA CIUDAD BOLIVIANA DE EL ALTO ERA UN LUGAR BASTANTE MODESTO Y UN POCO ABURRIDO**. Largas avenidas con edificios marrones bastante bajitos, de una o dos plantas. Nada especial. Sin embargo, desde el año 2002 **HAN APARECIDO UN MONTÓN DE CONSTRUCCIONES MULTICOLORES QUE PARECEN TRANSFORMERS O NAVES DEL ESPACIO EXTERIOR**. Con fachadas de formas angulosas y vidrios de color rojo, verde, azul o amarillo chillón, destacan en las calles de la ciudad. No hay nada igual en el mundo y se han convertido en el **SÍMBOLO DE LA IDENTIDAD Y RIQUEZA DE LA POBLACIÓN INDÍGENA EN BOLIVIA**. A esta arquitectura se la conoce como **«ARQUITECTURA CHOLET»**.

CHOLET

Palabra formada a partir de la combinación de otras dos palabras: **CHOLO**, que es el término para designar a los indígenas bolivianos, y **CHALET**, vivienda para una sola familia.

FREDDY MAMANI

Es el diseñador de la mayoría de estos edificios. Es un albañil descendiente de la tribu aymara. También es arquitecto, pero no estudió en la universidad, sino que todo lo ha aprendido por sí mismo.

Algunos comerciantes y profesionales aymara, como sastres o empresarios, hicieron mucho dinero gracias a su trabajo y esfuerzo. Para mostrar a todo el mundo su riqueza y su alegría, **CONSTRUYERON ESTOS EXTRAÑOS Y COLORIDOS EDIFICIOS**, que son reflejo de los trajes tradicionales que se usan en toda la zona de los Andes. Las faldas, blusas y sombreros con los que se visten los cholos en las fiestas también brillan con tonos azules, amarillos, rojos y verdes.

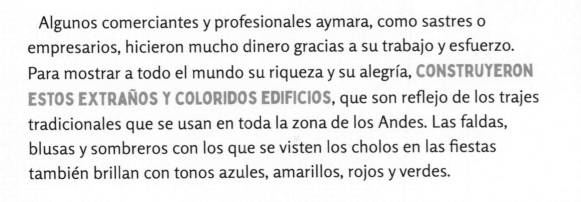

BOLIVIA

SI OS FIJÁIS, TODAS LAS CONSTRUCCIONES SON MUY PARECIDAS: Un bloque multicolor de varias plantas.

SOBRE EL BLOQUE SE COLOCA UN CHALET DONDE VIVE EL PROPIETARIO.

LAS PRIMERAS PLANTAS SON SALONES PARA HACER FIESTAS.

LOS BAJOS SE DESTINAN AL COMERCIO.

Quizá los edificios cholet no sean los mejores del mundo, porque, en realidad, son edificios normales a los que les han puesto una fachada bastante extravagante, pero son muy populares y queridos en El Alto, pues significan dos cosas importantísimas para la ciudad: que se ha prosperado económicamente y que se ha mantenido el respeto por lo que sus habitantes fueron. Y también por lo que son.

LA CASA DE VIDRIO EN MEDIO DE LA SELVA

A las afueras de la ciudad brasileña de São Paulo hay una casa muy especial. Está elevada **SOBRE PILARES Y SUS FACHADAS SON DE VIDRIO**, de tal manera que se pueden ver las copas de los árboles de la selva. Y no es solo eso; los ficus y las enredaderas también atraviesan su patio y la rodean casi por completo, como si la casa fuese otro árbol y hubiese crecido en ese lugar. Se construyó hace más de 70 años y **LA DISEÑÓ UNA MUJER**. Se llamaba **LINA BO BARDI**.

LINA BO nació en Roma y, según la tradición italiana, cuando una mujer se casa con un hombre, pierde el apellido y adopta el apellido de su marido. Sin embargo, Lina no lo hizo así. Cuando se casó con el periodista Pietro Maria Bardi, ambos decidieron que Lina no se llamaría Lina Bardi, sino que añadiría el apellido de Pietro al suyo. Porque **LINA NO ERA UNA MUJER COMO LAS DEMÁS**: no solo fue una de las primeras mujeres en el mundo que tuvo su propio estudio de arquitectura, cuando apenas había mujeres arquitectas, sino que cuando se marchó de Italia tras la Segunda Guerra Mundial y llegó a Brasil, **CAMBIÓ LA ARQUITECTURA LATINOAMERICANA PARA SIEMPRE**. Una vez llegó a São Paulo en 1946, Lina adoptó la nacionalidad brasileña y, durante varias décadas, **FUE LA AUTORA DE ALGUNOS DE LOS EDIFICIOS MÁS CHULOS DEL PAÍS**: El MASP (Museo de Arte de São Paulo), que es un museo que parece que flota, o el Teatro Oficina, que no parece un teatro, sino una nave espacial. Pero **LA OBRA MÁS BONITA QUE PROYECTÓ LINA BO BARDI FUE SU PROPIA CASA** a las afueras de São Paulo: la casa de vidrio.

a casa de vidrio no es solo una casa modernísima con fachadas de vidrio para mirar al horizonte, también es una casa de verdad. Es la casa donde Lina y Pietro vivieron durante cuarenta años. Una casa con juguetes, con sillones, con un televisor y con todas las cosas que necesita una familia normal. Tan moderna que parece construida hoy mismo, pero tan auténtica que se diría que nació ella sola en medio de la selva. Por eso, el nombre de Lina Bo Bardi es un símbolo de cómo se pueden hacer edificios modernos en medio del clima tropical y la realidad cultural de Brasil, tan distinta a la de Europa.

SÃO PAULO

EL MERCAT DE SANTA CATERINA. FRUTAS EN EL TEJADO

La historia del Mercat de Santa Caterina, en Barcelona, está estrechamente unida a la historia de su creador: **ENRIC MIRALLES**.

Miralles nació el 25 de febrero de 1955 en el barrio de Sant Pere i Santa Caterina. Cuando era pequeño **ACOMPAÑABA A SU MADRE AL MERCADO DEL BARRIO, EL MERCAT DE SANTA CATERINA.** Allí, el niño Enric se escapaba para mirar con ojos curiosos los puestos de fruta y especias, le gustaba mucho todo ese color amontonado: las fresas rojas, los pimientos verdes, las zanahorias naranjas, los plátanos amarillos. En esa época, **EL VIEJO MERCADO TENÍA UN TECHO VIEJO Y GRIS** que hacía mucho ruido en los días de tormenta, cuando la lluvia repiqueteaba contra él.

Pasó el tiempo y el techo se hizo cada vez más viejo, así que, en 1997, el Ayuntamiento de Barcelona **LE ENCARGÓ SU REHABILITACIÓN A MIRALLES Y A BENEDETTA TAGLIABUE**, pareja de arquitectos además de marido y mujer.

ENRIC MIRALLES

BENEDETTA TAGLIABUE

DOMÈNEC

CATERINA

La intención de los arquitectos nunca fue derribarlo y reconstruirlo, así que **DEJARON LA PARTE DE ABAJO CASI INTACTA Y SOLO CONSTRUYERON UNA NUEVA CUBIERTA.** Un nuevo tejado. Con el recuerdo de cuando Miralles era un niño, crearon un techo del que guarecerse de la lluvia pero que tuviese el color de las frutas y la forma de las tormentas.

Terminado en 2005, el tejado del nuevo Mercat de Santa Caterina es **ONDULADO COMO UNA NUBE Y ESTÁ DECORADO CON AZULEJOS MULTICOLORES** que recuerdan a las frutas y las verduras que hay debajo, en los puestos. Fresas rojas, pimientos verdes y plátanos amarillos.

BARCELONA

Pero Enric Miralles nunca pudo verlo porque murió cinco años antes, en el año 2000, con el edificio todavía en obras. Sí lo pudieron ver Benedetta Tagliabue y los hijos de ambos, que entonces solo eran unos niños: Domènec y Caterina. Por cierto, como veis, el nombre de ella es el mismo que el del barrio y el del mercado.

EL LINGOTTO. EL EDIFICIO CON UN CIRCUITO DE COCHES EN LA AZOTEA

En 1915, la marca automovilística FIAT encargó al joven arquitecto Giacomo Mattè-Trucco un proyecto para construir **UNA NUEVA FÁBRICA DE AUTOMÓVILES** en el distrito del Lingotto, a las afueras de Turín. **LA TAREA ERA COMPLICADÍSIMA** porque el edificio debía incluir naves para el ensamblaje de los coches, oficinas y despachos, y, además, una pista de pruebas.

Como el **SOLAR DEL QUE DISPONÍAN ERA BASTANTE PEQUEÑO**, Mattè-Trucco tomó una decisión radical: colocaría **LA PISTA DE PRUEBAS EN LA AZOTEA!** Y así fue. Una vez terminado, el Lingotto, que es como se llamó al edificio, era un gran bloque que albergaba naves y oficinas en la parte de abajo, y en la de arriba, **UN CIRCUITO DE 1,2 KILÓMETROS DE LONGITUD** con dos rectas de quinientos metros y dos curvas de cien metros por donde se probaban los coches recién terminados antes de ponerlos a la venta.

El Lingotto se inauguró en 1923 y **PERMANECIÓ EN FUNCIONAMIENTO CASI CINCUENTA AÑOS**. Dentro se fabricaron algunos de los coches más famosos de Italia, como el FIAT 500 «Topolino», y en su azotea, además de probarlos, **SE RODARON PELÍCULAS** y se hicieron numerosas sesiones fotográficas. Tras unos cuantos años en los que estuvo abandonado, en 1992 se volvió a inaugurar como centro multiusos. **AHORA ES UN GRAN CENTRO COMERCIAL** con varios hoteles, galerías de arte, auditorio, salas de convenciones y once salas de cine. El circuito de la cubierta solo se emplea para grabar anuncios o celebrar eventos especiales.

SI NOS FIJAMOS BIEN, el Lingotto no es realmente un edificio con un circuito en el tejado, **ES UN CIRCUITO CON UN EDIFICIO DEBAJO**. Parece lo mismo, pero no lo es. Como el Lingotto se diseñó pensando en el circuito de la azotea, todo el edificio tuvo que amoldarse a la forma de ese circuito. Además, en el interior se construyó **UNA ENORME RAMPA CIRCULAR** que permitía que los automóviles llegasen a la azotea fácilmente. Es más, los extremos del circuito no eran solo curvos, también estaban peraltados porque si no lo estuvieran, los coches podrían caerse a la calle al tomar la curva a gran velocidad.

TURÍN

PERALTE:

Es la elevación mayor de la parte exterior de una curva en una carretera, circuito o vía del tren. Se hace para que los vehículos no se salgan de la carretera al tomar la curva.

La cubierta también tiene un helipuerto. Así que por allí ya no circula ningún coche, pero, de vez en cuando, aterrizan y despegan helicópteros. Parece lo lógico, si pensamos que el Lingotto siempre ha sido un edificio que no está diseñado para las personas, sino para las máquinas.